ジョン・レノン
失われた週末

instamatic karma

photographs of

John Lennon

by may pang

ジョン・レノン
失われた週末

instamatic karma

photographs of

John Lennon

by may pang

メイ・パン
写真・文

山川真理
訳

河出書房新社

ジョンを愛したすべての人に
この本を捧げます

contents

序

　ジョン・レノンの人生で重要な役割を果たした女性と言えば、オノ・ヨーコとシンシア・レノンが
すぐに思い浮かぶ。その彼女たちに最大限の敬意を払いながら、メイ・パン（二人の子を持つ母親で
もある）は大変貴重なものを私たちに届けてくれた。思い出と喜びがいっぱいに詰まった写真集とい
う形で。

　メイとジョンを結びつけたのは、タイミングと状況である。ジョンはスーパースターであった。一
方、ジョンとヨーコの忠実なアシスタントだったメイは、ジョンとの関係を通じて自らの居場所を見
いだした。メイにとってそれは、有無を言わせないほどに圧倒的で、大きな意味を持ち、それでいて
現実とは思えないような出来事だった。メイとジョンは自分たちにどんな未来が待っているのかもわ
からずにいた。しかし、二人が共に時間を過ごしたこと、そして互いに影響を与え合ったことはまぎ
れもない事実であり、特別な経験であった。

　1975年、ジョンは私に、メイと過ごした時期は「人生で最高に幸せだった」と話してくれたこと
がある。間違いなくメイも同じように感じているだろう。

　よく知られているように、ジョンのほとばしる才能は生涯を通じてとどまるところを知らず、その
人生には歓喜と試練、幸福と絶望とが同居していた。だが、かつてビートルズのツアーに同行し、真
実を求め続けたジョンの魂の軌跡を記した著作を持つ者として、私は読者のみなさんに言っておきた
い。ジョンは一人の人間として、最終的にはいつも勝利を収めていたのだと。

　その勝利をもたらしたのは、驚くばかりの好奇心と、心の内に満たされたあふれんばかりの情愛で
あった。身近な人たちだけでなく、人類すべてに向けられた愛である。ジョンは物質的な豊かさも手
にしていたが、それ以上に人間としての豊かさを持ち合わせていた。人の心に善が宿ることを知って
いた。

　メイとジョンが過ごした日々を記録したこの写真集には、そうしたジョン本来の好奇心や情愛がみ
ごとに映し出されている。

　メイの写真は、1970年代半ばのジョンを生き生きとよみがえらせてくれる。私は自分の仕事を通
じて、言葉がイメージを喚起させることを学んだ。だがこの本は私たちの目と心に直接作用する。そ
こに浮かび上がってくるのは、多くの人々の中の一人でありたいと願っていた伝説の人物が、一個人
としてふるまう姿である。

ジョン・レノンをずっと愛してきた読者にとっても、つい最近知ったばかりの読者にとっても、メイの写真は何物にも代えがたい贈り物となるだろう。そこには、死してなお音楽や詩を通じてより豊かな人生について指南してくれる男の貴重な素顔がある。

ラリー・ケイン
（ジャーナリスト、『Ticket To Ride（ビートルズ 1964-65
マジカル・ヒストリー・ツアー）』『Lennon Revealed』著者）

はじめに
思いがけない形で始まったジョンとの関係

　ジョン・レノンと私が一緒に過ごした時期は、今では「失われた週末（ロスト・ウィークエンド）」という呼び名で知られています。驚いたことに、随分と多くの人が、その期間が文字どおり一度の週末だけだったと思っているようです。実際には、ジョンと私が公の場で一緒だったのは1年半になりますし、それ以外の時期も含めたジョンとの関わりは1970年12月から1980年12月まで、実に10年にも及んだのです。

　レノン夫妻とは、当初は仕事上のつきあいでした。3年の間、私はジョンとヨーコのパーソナル・アシスタント兼制作コーディネーターという夢のような仕事に就いていました。日々の業務には何でもない日常の雑事（朝のコーヒーを用意したり手紙を開封したり）があるかと思えば、ジャッキー・オナシスやアンディ・ウォーホルに電話を入れたり、ジョンとヨーコのレコーディングのためにミュージシャンと連絡をとったりすることも普通にありました。毎日が驚きの連続でした。

　しかし、最大の驚きは1973年の夏にやって来ました。その頃私はヨーコの新作アルバム『空間の感触』のプロモーションの準備に入っており、並行してジョンのアルバム『マインド・ゲームス（MIND GAMES）』のレコーディングも始まっていました。ある日の朝早く、レノン夫妻の住むダコタ・ハウスの中にあった私の仕事場に、ヨーコが入ってきました。ヨーコは私に、ジョンと「うまくいっていない」ことを打ち明けました。ジョンとヨーコのまわりで仕事をする者たちはみな、二人の間が少しピリピリしていることに気づいていたので、そのこと自体はさほど大きな驚きではありませんでした。ヨーコは続けて、ジョンは誰かほかの人と一緒に暮らすことになるだろう、その相手は「ジョンをうまく扱うことのできる人」であってほしい、と言いました。衝撃的な何かが起こる予感がしたのはそのときでした。まず最初に頭をよぎったのは、「二人が別れたら私は今の仕事を失ってしまうの？」ということでした。

　ヨーコはさらに続けました。「あなた、ボーイフレンドいないわよね」。私はペンとメモ用紙を落としてしまいました。聞き間違いではないかしら？　私はヨーコに、こちらの一方的な勘違いかもしれないけれど、私はジョンに対して特別な感情は抱いていません、と念を押しました。ヨーコは、それは承知だと言いながらも話をやめませんでした。「あなたがジョンと一緒になるといいと思うの」

　私は呆然としてしまいました。お断りします、私にはできませんと何度も言いました。でもヨーコはすっかり心を決めているようでした。「ジョンから誘われたら断らないようにね！」というヨーコ

の言葉には、単なる提案以上の強さが込められていました。

　その後2週間は何も起こりませんでした。『マインド・ゲームス』のレコーディングは一時休止になっていましたが、私はその間にジョンとヨーコがお互いの意見の違いを乗り越えて和解に達し、すべてが元のさやに収まったのだと（希望的に）考えていました。ジョンがレコーディングを再開することになったとき、私はいつものようにスタジオへ同行する準備を整えました。しかし、ダコタのエレベーターに乗った瞬間に、すべてがひっくり返ったのです。ジョンは私を抱きしめ、キスをして、そして言いました。「こうなる日をずっと待っていたんだ」

　スタジオへ向かう車の中で、私は言葉を失ったまま動けませんでした。ジョンはしきりに私を安心させようとしました。「大丈夫、怖がらないで。何もかもうまくいくからね」

　セッションを終えると、ジョンは私に一緒に帰ろうと言いました。私は応じる気になれなかったので、運転手に言ってジョンをダコタまで送らせました。私が二晩続けて同じように拒絶すると、翌日ジョンはセッションの合間に、私が気づかないうちに運転手と車を帰してしまいました。

「タクシーに乗って一緒に帰るぞ」。ジョンはきっぱりと言いました。ニューヨークの通りの真ん中で午前2時に言い争いを始めるわけにもいきません。そうやって私たちの関係は始まったのです。

『マインド・ゲームス』が完成して間もなく、ヨーコはフェミニストの会合に出席するため3日間シカゴへ行ってしまいました。ちょうど、ジョンの弁護士のハロルド・シーダーがロサンジェルスに向けて出発するところでした。すると突然ジョンが、ニューヨークを離れて二人だけになったほうがいいと言い出しました。そこで私たちはハロルドと一緒にロサンジェルスへ向かいました。これにはハロルドも大変驚いていました。

　私は荷造りをする時間もとれず、母に知らせることさえできませんでした。手近なものだけをかばんに突っ込み、それからニコマートの35ミリ一眼レフカメラを急いで手に取りました。その後ジョンは私の誕生日に、新しく出たSX-70のポラロイドカメラを買ってくれました（同じ日、私にとって初めての自家用車だった中古の1968年型バラクーダもプレゼントされました。とてもいかした車でした）。

　ロサンジェルスではジョンの昔からの友人たちと会い、新しい仲間もできました。ドライブにもよく出かけました。ジョンがアメリカを肌で感じたいと願っていたからです。ジョンは一緒に過ごす間、写真を撮ることを積極的に勧めてくれました。ずっと写真が趣味だった私にしてみれば、ごく自然なことでした。ジョンは「写真を撮っているときのきみの目が大好きだ」と言っていました。そして、メイの写真にはほかの誰が撮ったのとも違う自分が写っている、それはメイと一緒にいて心から安心できるからだ、とも言ってくれました。言うまでもなく、ほんとうにうれしい言葉でした。

　あの当時は、四六時中写真を撮っているなんて考えられませんでした。あとは明日撮ればいい、といつも思っていましたので。今となっては歴史的な出来事、たとえばジョンとポール・マッカートニーがビートルズ解散後に行なった唯一のジャム・セッションのように、写真を撮らなかったケースもたくさんあります。それでも私は、可能なかぎりの瞬間をフィルムに収めようと努めてきました。その成果は、今見ると驚くべきものがあります。

　もちろん、カメラを向けるのを遠慮したこともありました。昔の仲間が遊びに来て一緒に過ごすと

きなどは特にそうでした。せっかくの場を邪魔したくはなかったのです。でもジョンは撮ってほしいと言いました。

　これらの写真は長いこと、靴箱に入れられてクローゼットの中にしまい込まれ、中身を目にすることができたのはごく一部の親しい人たちに限られていました。見た人は一様に驚きの表情をしました。私と一緒だった時期にマスコミが書き立てていたジョンのイメージとあまりにも違うからです。事実、そこに写っていたのはジョンが他人にあまり見せることのない表情ばかりでした。

　この本に収録した写真はどれも、私には特別な思い出のあるものばかりです。とりわけ、ジョンが当時10歳だった息子のジュリアンと一緒に写っている写真は格別です。4年ぶりに息子と対面したジョンは、記憶の中にあった小さな子どもではなく、いっぱしの少年に成長した姿を前にして、とてもショックを受けていました。父子は多くの時間を共に過ごし、ふたたび親子の絆を取り戻し、一緒にギターを弾いたり曲を作ったりもしました。二人は泳ぎがうまいところも共通していました（残念ながら私は違いました。でも、だからこそ貴重な親子のショットを撮ることができたのです）。

　靴箱いっぱいの写真をあらためて見ていると、ジョンと過ごした幸せな、そして時にはクレイジーだった日々の記憶がよみがえってきます。幸せ、悲しみ、そしてまた幸せと、心の奥に閉じ込めていた感情が一気に噴き出してきます。あの時代を共に過ごした個性的で愛すべき仲間たちは、みんなとても若々しく、エネルギーに満ちていました。あまりにも早くこの世を去ってしまった仲間も少なくありません。私はそんな彼らをずっと愛おしく思っています。

　何よりもうれしいのは、これらの写真によってジョンの姿が生き生きとよみがえってくることです。この本を通じて、私の目から見たジョン・レノンをみなさんと分かち合うことができれば幸いです。

メイ・パン
2007年10月、ニューヨーク・シティにて

家

くつろぐジョン・レノン

ロサンジェルスで
初めて暮らした家（1973年秋）

　私と一緒になった直後、ジョンはしばらくロサンジェルスへ行こうと決めました。私たちは「アンクル」と呼んでいたハロルド・シーダーのあとを追って飛行機に飛び乗りました。ジョンの弁護士ハロルドは、アラン・クラインがマネージャーだった頃からのビジネス・アドバイザーでした（ジョンが個人的にハロルドを雇ったのは、彼がクラインの会社アブコを辞めたあとのことです。クラインが相手の訴訟ではこのうえない味方となりました）。ありがたいことに、ハロルドは私たちのために自分の部屋を空けてくれ、彼自身は別の滞在先を見つけました。ジョンに手持ちのお金がないことを、誰よりもよく知っていたからです！

　到着後ほどなくして、ジョンの古くからの友人二人と会いました。ローリング・ストーンズのビル・ワイマンと、ストーンズのマネージャーだったアンドリュー・ルーグ・オールダムです。アンドリューとの交流はいつも楽しいものでした。彼はプロデューサーのルー・アドラーがベルエアに所有していた家（ルーはほかにマリブにも家を持っていた）を借りていました。アンドリューは私たちに、自分はあと数日でロスを離れるから、そのあとルーに頼んで家を使わせてもらってはどうかと提案しました。ハロルドをずっと追い出したままだったので、ジョンも私も大賛成でした。ルーとは面識がありませんでしたが、アンドリューが話を通してくれました。結局、そこへは2か月近くも滞在しました。ここに載せた写真は、ルー・アドラーの家のプールサイドで撮ったもので、ジョンとの日々を写した最初の記録です。

ポールやリンゴも出入りした
サンタモニカの家(1974年春)

　一緒に暮らした1年半の間、ジョンと私がずっとロサンジェルスにいたという印象を持つ人も多いようです。しかし、実際にロスで生活や仕事をしていたのは1973年9月から1974年5月の初めまで、そのうちニューヨークにいた期間を除くと、正味およそ半年ほどにすぎません。

　その間の出来事は、思った以上にマスコミの注目を集めてしまいました。まずはあの悪名高きフィル・スペクターとのセッション。A&Mスタジオではミキシング・コンソールの下に酒がしたたり落ち、レコード・プラント・ウェスト・スタジオではスペクターが拳銃を持ち込むという有名な事件もありました。そして、トルバドゥール・クラブで起きた二つの騒動。一つは、酒に酔ったジョンが額にコーテックスのタンポンをくっつけていたこと。もう一つはその2か月後、ジョンがスマサーズ・ブラザーズにやじを飛ばして店を追い出されてしまったこと（激しくけしかけたのはハリー・ニルソンだったのですが）。ジョンの言葉を借りれば「大変な経験だったね、諸君！」というわけです。

　ロサンジェルス滞在中は、ビバリー・ウィルシャー・ホテルや友人の家に泊まることもありましたが、私たちの住まいとしていちばんよく知られていたのは、やはりサンタモニカで借りていた家でしょう。

　この海辺の家には、たいそうきらびやかな過去がありました。建てたのは映画プロデューサーのルイス・バート・メイヤー。デザインはまさしくハリウッド調で、当時の映画関係の著名人の間では話題のスポットでした。やがて俳優のピーター・ローフォードの手に渡り、ハリウッドのセレブたちのたまり場という伝統は受け継がれます。よく訪ねて来たお客の中には、オーナーの義理の兄弟であるジョン・F・ケネディ大統領とロバート・F・ケネディ司法長官も含まれていました。マリリン・モンローも頻繁にここを訪れたと言われ、そのことにジョンはとても興味をひかれていました。

　ハリー・ニルソンのアルバム『プシー・キャッツ』をプロデュースすることになったとき、ジョンはアイデアを一つ思いつきました。アルバム制作に携わるメンバーに同じ屋根の下で暮らしてもらおう、というのです。そうすればミーティングやリハーサルもすぐに始められるし、それに何より、誰も遅刻しないでスタジオに入ることができるからです。仕事をするときはプロ意識を持って速やかに、というのがジョンの主義でした。みんなで住むアイデアは名案のように思えました……が、集まった面子からするとそう簡単にはいきませんでした。

　あの当時、家はアルマンドとマリアのオンティヴェロ夫妻の手に渡っていました。二人は家の管理

11

人としてすばらしい仕事をしたばかりか、私たちの日常の世話も引き受けてくれ、毎日食事などの面倒を見てくれました。いちばん大きな寝室はジョンと私が使いました。初めて足を踏み入れたとき、ジョンは「そうか、奴らがやったのはここだな」と言いました。もちろん、かつて客人だった大統領とモンローのことです。ほかにあった5つの寝室には、キース・ムーン、ハリー、ヒラリー・ジェラード（リンゴ・スターのビジネス・マネージャー）、そしてクラウス・フォアマンが入りました。私たちの寝室のすぐ左手には、ケネディ大統領の公式の肖像写真が掛かった書斎があり、そこがリンゴの寝室になりました。

　輝かしい歴史の名残りも多少はありましたが、オーナー夫妻は明らかに、室内を建築当初のままとどめておく必要性を感じていなかったようです。メイヤーが取り付けた大型のスクリーンはすっかり覆い隠され、高級な寄木細工の床には、いかにも70年代風の毛足の長い悪趣味なカーペットが敷きつめられていました。やがて私たちは小さなポーカー・ルームへと続く入口を見つけ、往時の姿をとどめたその部屋を好んで使うようになります。

　私たちのところへ来た常連客としては、ドラマーのジム・ケルトナー、ギタリストのジェシ・エド・デイヴィス、ビートルズのロード・マネージャーだったマル・エヴァンズ、ピーター・"ドゥーガル"・バトラー（キース・ムーンのアシスタント）、それにポール＆リンダ・マッカートニーと娘たちがいました。私たちが住んでいる間、友人たちはみんな、ロスに来ると少なくとも一度は必ず立ち寄ってくれたように思います。

毛足の長いカーペット。

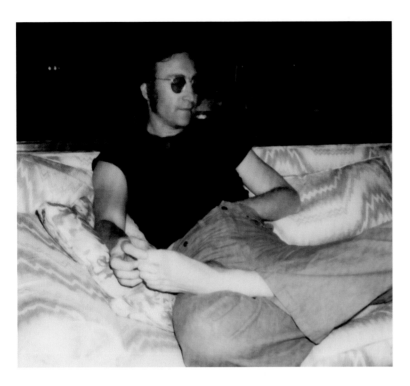

70年代を
感じさせる
虹色の柄の
5本指ソックス。

13

14

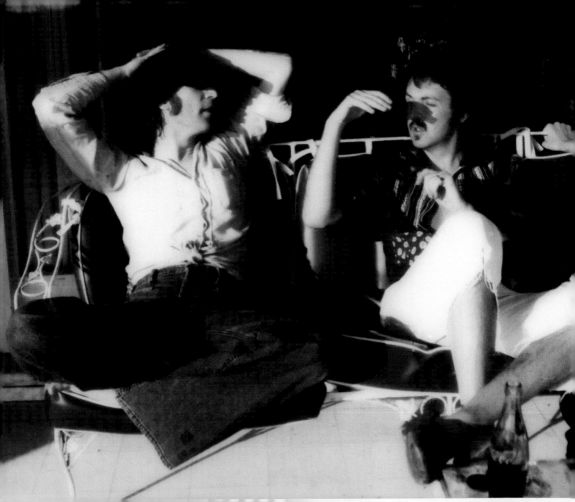

「ムーン男爵」は毎日この格好で私
たちに挨拶をしました。レザーのロ
ング・コートにマフラー、ブーツ、
片手にはブリーフケース、なのにズ
ボンは履いていないのです！ 朝に
なると、キース・ムーンは自分がち
ゃんと目覚めていることを、わざわ
ざみんなに知らせてまわりました。
ジョンはいつも「おはよう、男爵」
と挨拶を返しました。

海辺の家の
プールサイドにて。
ジョン、
マル・エヴァンズ
（うしろ姿）、
リンゴ。

ニューヨーク東52丁目の
アパートメント（1974年5月〜）

　1974年5月、私たちはニューヨークで住む家を探すことにしました。東89丁目にあった私の狭苦しい仕事場は、少し立ち寄る程度なら問題なかったのですが、長期の滞在には無理がありました。そんななか、ちょうどジョンが『プシー・キャッツ』の仕上げに取り組んでいた頃、レコード・プラント・スタジオの総支配人だったエディ・ジャーマノが、住んでいるアパートメントに空き部屋があるよと教えてくれたのです。

　住所は東52丁目434番地。ペントハウス・タワーBと呼ばれる建物でした。玄関のドアを開けると急な階段があって、最上階の部屋へと続いています。一室しかないベッドルームは小さかったのですが、小ぎれいなキッチンと、暖炉の付いた大きなリビングがあり、バルコニーからはイースト・リバーを見下ろすことができました（アルバム『心の壁、愛の橋（WALLS AND BRIDGES）』のブックレットで触れているUFOを目撃したのもここです）。結局、私たちはリビングを寝室兼客間として使うことに決めました。小さいベッドルームは支度部屋とし、ジュリアンが訪ねて来たらそこに泊まれるようにしました。

　このアパートメントに住む最大のメリットは、エディのようなご近所さんがいたことです。彼は何かにつけて頼りになる人で、いつもジョンの頼みを聞いてくれました。スタジオで必要なものがあるときは、エディに頼んでおけば、到着までにきちんと用意されているのです。そのうえ、私たちの部屋に最新の音響システムまで取り付けてくれました。ジョンは家でも音に囲まれ、テープのミキシング具合も確かめられるようになったのでした。

　私たちは部屋に、キングサイズのプラットフォームベッドと、当時もっとも大きかった画面のテレビを置きました。27インチのソニー・トリニトロンです。各種スイッチ、電話、音響システムなどが手に届く範囲に集められ、私たちのベッドはさながら「レノン本部」とでも言うべき状態になりました。ジョンがヒット曲「夢の夢（#9 Dream）」のヒントを得たのもこのベッドの中です。

誰かがドアを叩いてる……。
（ドアの上に掲げられた街路
表示は、もともと私が所有し
ていたものです。市当局が表
示板を磁器製からアルミニウ
ム製に替えたときに手に入れ
たのです）

リンダ＆ポール・マッカートニー。

ミック・ジャガーとベベ・ビュエル。

デヴィッド・ボウイとアヴァ・チェリー。

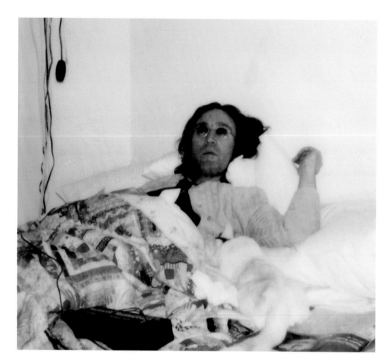

ジョンの指定席。
ベッドに横たわり、
テレビを観て、
新聞を読む。

ジョンがレコーディング中だったある日、スタジオの受付係がきょうだいの子猫を何匹か連れて来ました。ジョンは私の思いを瞬時に悟って言いました。「無理だよ。俺たち、しょっちゅう家を空けるから」

　私は黒いオスを1匹抱き上げて、自分の肩に乗せました。そのままスタジオの中へ入っていくと、ジョンは驚いた目つきをして「ああやっぱり！　やっちまったか！」と言いました。まずかったかしらと一瞬思いましたが、ジョンは私のほうへ歩み寄り、その猫をあやしはじめました。「猫を飼う運命だったってわけだな」

　一日の仕事を終えてスタジオを出るとき、ジョンはまだほかに猫はいないかと言い出しました。私たちは戻って、1匹だけ残っていたのを連れて帰りました。白いメスで、鳴き声がうるさいといって誰もほしがらなかったのです。ジョンはこの2匹をメジャー、マイナーと名づけ、とてもかわいがりました。猫はミミ伯母さんと過ごした日々を思い出させてくれたようです（ジョンは伯母さんのことを冗談で「キャットウーマン」と呼んでいました）。

ジョンとジュリアン、
父子で同じポーズ。

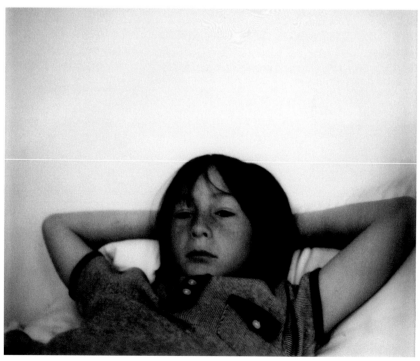

26

ジュリアンの頭上に炎のような後光がさしているのは、ポラロイドカメラのいたずら。
ジョンはこの写真を冗談交じりに「俺の息子のすごく熱いやつ」と呼んでいました。

父親の服を借りて「おしのびスタイル」に
なったジュリアン。

この2枚は
ジュリアンが
撮ってくれました。
才能に
恵まれた子です。

日曜日の朝食と
母の中華料理

　ジョンは周囲を驚かせるほどに食欲が旺盛でした。毎週日曜日、午前11時になると私はいつも、『ニューヨーク・タイムズ』とイギリスの新聞数紙、それにコーヒーを持ってジョンを起こしに行きました（アメリカに来てからのジョンは、あまりにもイギリス的だという理由で紅茶を飲みませんでした。郷に入っては……というわけです）。そしてボリュームたっぷりのイングリッシュ・ブレックファストを作るのです。ベーコンエッグ、ベイクトビーンズをのせたトースト、トマトにフライドポテト。近くにあったアイルランド人の店で売っているのを見つけてからは、ブラック・プディング（ブラッドソーセージ）を添えることもありました（シンシア・レノンが一度、本場のプディングをこっそり持ち込もうとしたのですが、税関で没収されてしまいました）。ジョンはとても喜んで食べてくれました。当初私は、このソーセージ状のプディングをどう調理したらいいのかわかりませんでした。ジョンに尋ねると「フライパンで火を通せばいいんだよ」と言います。試しに焼いてみたら、キッチンに変なにおいが立ちこめました。それでもジョンは気に入ってくれたのです。

　ジョンは中華料理も大好きでした。なかでも、私の母の手料理は格別でした。私たちがニューヨークに住んでいた頃、母はよく得意料理を作って持って来てくれました。チャーハンとスペアリブです。ジョンは古いしきたりにとらわれない人でしたが、反面古風なところもあり、二人の関係が正式なものではないという理由から、私の母に会うのをきまり悪く思っていました。実際、ジョンは一度も母に会おうとはしませんでした（あとで後悔していましたが）。文字どおりドアの陰に隠れて、母が帰るのをじっと待っていたのです。それでも、母が作ってくれた料理を食べることにはやぶさかではありませんでした。ここに載せた写真は、お気に入りの酸辣湯を食べているところです。

34

スープが鼻にツンとくる。

鼻をかみながら「行儀悪いな」と一言。

遊

楽しむジョン・レノン

ロングアイランドの
海で泳ぐ(1974年夏)

　ある日、エディ・ジャーマノはジョンに海へ行かないかと誘いました。ジョンにしてみれば「待ってました」といったところでしょう。海はジョンの血であると言ってもいいくらいなのですから。港町リバプールの出身で、父親が商船の乗組員でもあったジョン。狭いプールよりも、広がりゆく大海原のほうが性に合っていました。事情さえ許せば毎日だって泳いでいたはずです。海のおかげでジョンは心の安らぎを見いだし、クリエイティブな感性を充電することができたのです。

　エディと妻のジャニスは、ロングアイランド海峡に面したニューロシェルの港に小型船を持っていました。ロングアイランド海峡はニューヨーク州とコネティカット州の間に位置する大西洋の入江で、もちろんロングアイランド島にも面しています。ジャーマノ夫妻と二人の子どもたち、ダニエルとトロイも含めてみんなで車に乗り込み、この海峡へと向かうことは、私たちの楽しみの一つになりました。ジュリアンが来ているときは一緒に連れて行き、泳いだり水の中で遊んだりしてとても楽しい時を過ごしました。

　ここに載せた写真を撮った日、ジョンは私に泳ぎを教えようとしました。ところが私は泳ぐどころか、船体から手を離すことさえもできませんでした。私にとっては決して楽なことではなかったのです。頭の中では「ジョン・レノン、ガールフレンドに泳ぎを教え溺れる」という新聞の見出しがぐるぐる回っています。代わりに私は船に戻り、カメラを手に取ると、このうえなく無防備なジョンの姿をとらえました。

　水面にぽっかり浮いている写真についてジョンは、アルバム・ジャケットにいいねと言っていました。

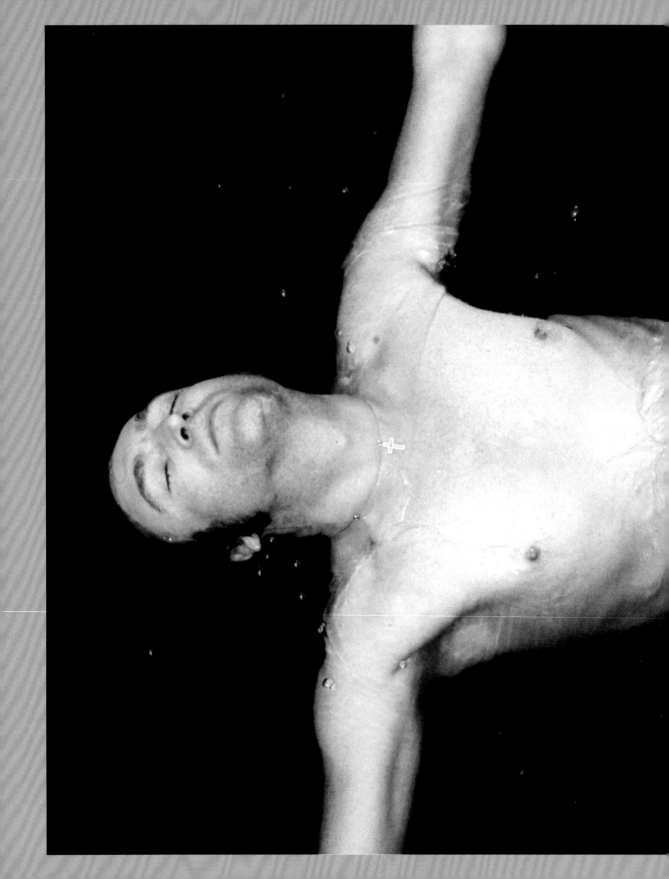

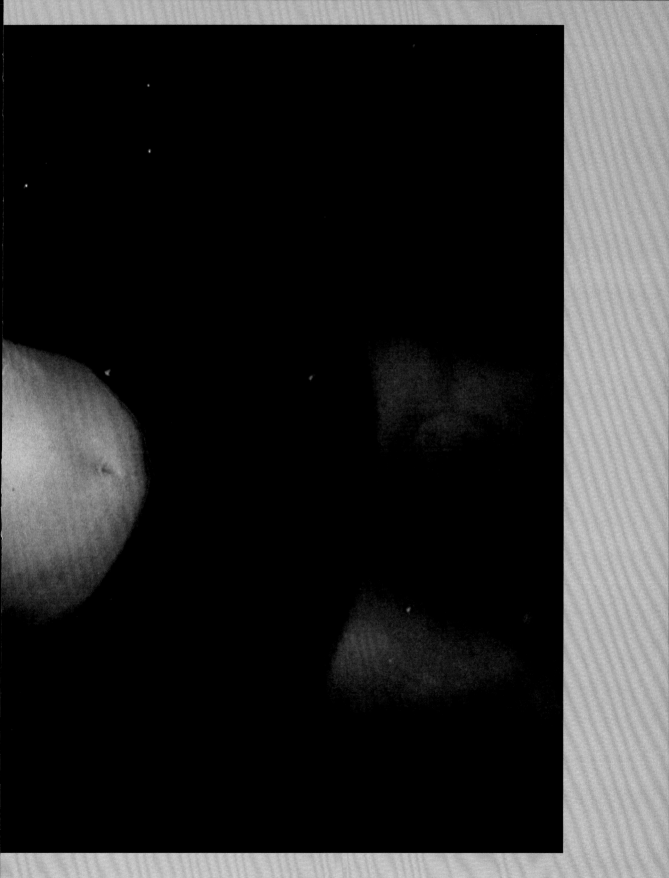

50

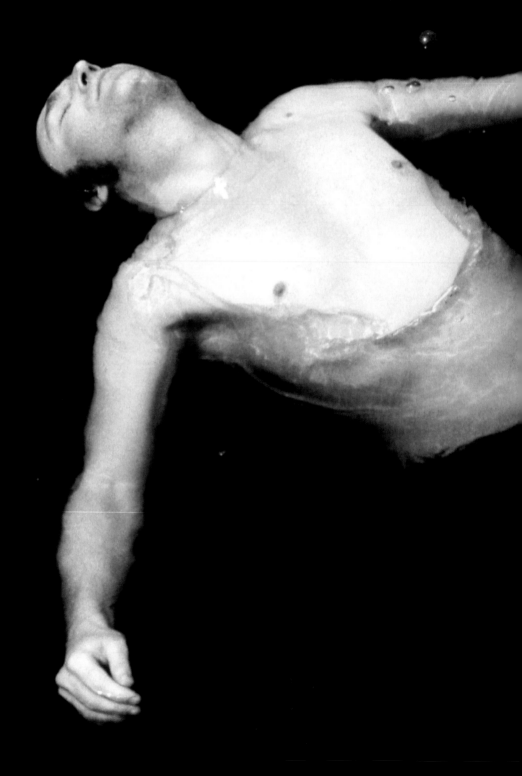

マンハッタンの通りと
セントラルパークを歩く(1974年11月)

　1974年11月の初旬、『心の壁、愛の橋』とシングル「真夜中を突っ走れ（Whatever Gets You Thru The Night）」がトップへ向けてヒット・チャートを駆け上がっていました。アルバムのプロモーションのために出演したラジオ番組でのインタビューは、今では伝説のようになっていますが、そこでのジョンは堂々としていて、気さくで、謙虚で、ユーモアのセンスにあふれ、まるで昔に戻ったかのようでした。ジョンにとっても、私たち二人にとっても、まさに幸せな時期でした。

　ジョンはポールとすっかり仲直りし、ビートルズに対して非常にセンチメンタルな感情を持つようになっていました。ちょうどその頃、ロバート・スティグウッドがオフ・ブロードウェイのビーコン・シアターで『サージェント・ペパーズ・ロンリー・ハーツ・クラブ・バンド・オン・ザ・ロード』という舞台作品を制作していたのです。「スティギー」と呼ぶ仲だった彼のために、ジョンは喜んでこの作品の広告塔になりました。リハーサルに顔を出し、制作上の助言を行ない、機会あるごとに作品を絶賛しました。さらにBBCが撮る宣伝映像への出演まで引き受け、ニューヨークの通りを歩くジョンの姿が撮影されることになったのでした。

　ロケの準備をしていると、一人の大学生が一緒について回ってもいいかと尋ねてきました。ジョンの映像を卒業制作の作品にしたいと言うのです。その日ジョンはとても機嫌がよかったので、彼の申し出を受け入れました。学生はジョンがマンハッタンを浮かれた足取りで歩いて行く様子を、ほぼすべてカメラに収めることができました。ロケの舞台はセントラルパーク、五番街のティファニーの店、タイムズスクエアの怪しげな劇場など。またとないチャンスを逃したくなかったので、同時に「真夜中を突っ走れ」のビデオ・クリップも撮影しました。

　セントラルパークでの撮影には時間をかけました。ジョンは動物園で象にえさをやったり、驚いているファンの前で不思議な手品（ホットドッグ売りの車を拝借して、ソーダとプレッツェルが消えたように見せかける）を披露したりします。公園内の野外音楽堂では、「ジョンがジョンを演じる」というシネマ・ベリテのような即興パフォーマンスが始まりました。ジョンがステージ上で踊ったり、おどけて飛び跳ねたり、突然向き直って自分自身に喝采を送ったりしているとき、私はようやく落ち着いてスナップ写真を撮ることができました。

　これらの写真にはジョンが感じていた生きる喜び、ニューヨークへの愛情が凝縮されていると私は思います。

音

『マインド・ゲームス』の
コマーシャル撮影（1973年10月）

　ロサンジェルスに腰を落ち着けると、ジョンは間もなくリリースされるアルバム『マインド・ゲームス』のプロモーションに入りました。その前のアルバム『サムタイム・イン・ニューヨーク・シティ（SOMETIME IN NEW YORK CITY）』は、批評家筋からの評判も芳しくなく、売り上げも伸びませんでした。ジョンは自分の音楽が理解されなかったことに心を痛め、だからこそ次のアルバムのプロモーションには真剣に取り組もうとしていたのです。

　ちょうど、イギリスのアップル・レコード総支配人だったトニー・キングが休暇でロスに来ていました。私たちともすぐに親しくなり、プロとしていろいろと的を射たアドバイスをしてくれました。

　トニーは言葉を選びながらジョンに忠告しました。今、世間はきみのことを、批判ばかりする過激な奴だと思っている。それではレコードの売り上げも期待できない。必要なのは昔のように陽気で、ユーモアがあって、みんなから愛されたジョン・レノンに戻ることだ、と。トニーは効果的なインタビューをいくつもセッティングしてくれました。ジョンは彼のアドバイスを受け入れ、マイナスのイメージを払拭することができたのです。

　ある夜、ジョンと私はトニーと、その友人でソングライターのマイケル・ヘイゼルウッド（トニーは彼のところへ泊まっていた）と一緒に出かけました。ワインを空けながら話に花を咲かせるうちに、『マインド・ゲームス』のプロモーションの話題になり、そのうちに、トニーが即興でエリザベス女王のものまねを始めました。あまりにも似ていたので、私たちは気がふれたように大笑いしました。名人芸を記録しようと、ジョンはカセット・テープレコーダーまで出してくる始末です。そうこうするうちに、エリザベス女王に『マインド・ゲームス』を宣伝してもらうというアイデアが生まれたのでした。

　さすがにそれは現実には不可能だったので、トニーがテレビとラジオのコマーシャルに出演し、高貴なものまねを披露することになりました。コマーシャルの収録が行なわれたのは1973年10月24日、私の23回目の誕生日でした。撮影現場にはレコード・プラント・イースト・スタジオのオーナーでチーフ・エンジニアでもあったロイ・シカラ、彼のアシスタントになったばかりのジミー・アイオヴィン、エルトン・ジョン（やはり写真を撮っていた）、そしてエリオット・ミンツ（1971年のインタビューを機にヨーコと親しくなったDJで、のちにヨーコの広報も担当）の姿がありました。

撮影時のアウトテイク写真。私たちはこれを1974年のクリスマスカードに使いました。

『マインド・ゲームス』の公式の宣伝写真。

同じ日、ジョンは私の誕
生日を祝って車を買って
くれました。赤茶色の中
古のバラクーダ、1968
年型。誰かに車の運転を
頼んでもしょっちゅう遅
刻されたり、すっぽかさ
れたりで辟易していたジ
ョンは、「中間搾取を排
除しよう」と言って私に
キーをくれたのです。

『プシー・キャッツ』を
プロデュース（1974年3月〜5月）

　『マインド・ゲームス』を完成させたあとのジョンは、エネルギーとやる気に満ちあふれ、音楽に関しても今までとは違う新しいことをやろうとしていました。まず一つは、お気に入りのロックンロール・ナンバーばかりを集めたアルバムを作ること。たとえば、母親から最初に弾き方を教わった「エイント・ザット・ア・シェイム」や、ポール・マッカートニーと出会った日にクオリーメンのステージで演奏していた「ビー・バップ・ア・ルーラ」など、少年の頃から大好きで、バンドを作る原動力にもなったロックの古典をレコーディングしたいと思ったのです。もう一つは、ほかの誰かのアルバムをプロデュースすること。これは「ジョン・レノンであること」にとらわれずにクリエイティブな音を追求する絶好の機会でした。

　ジョンはまずロックンロールのアルバムから取り組むことにし、セッションの舵取りをフィル・スペクターにまかせます。ところが、アルコールの力を借りてのレコーディングはとんでもない方向に進み、あまりにも手がつけられなくなってしまったため、ジョンはこのプロジェクトを一時棚上げせざるを得ませんでした。一方で、別のアーティストをプロデュースしたいという願いは変わらず持ち続けていました。

　ジョンはイギリスにいた頃からハリー・ニルソンのことを知っていて、ハリーを「お気に入りのアメリカのグループ」だと公言したこともありますが、ほんとうに親しくなったのはリンゴからあらためて紹介されてからでした。ジョンはハリーの声をこのうえなくすばらしいと思っていました。そして、一緒に遊び歩いて悪ふざけを重ねていくうちに、何か実のあることもやってみようと思い立ったのです。

　そうやって『プシー・キャッツ』が誕生しました。このアルバムには実に多様な作品が詰まっています。ハリーによるオリジナル曲、ジョンが中心になって選んだオールディーズ・ナンバー、同時代作品のお気に入り2曲、そしてジョンの書いた曲をジャマイカのトラディショナル・ナンバーと組み合わせた「ムーチョ・ムンゴ／マウント・エルガ」。

　レコーディングは1974年3月28日にバーバンク・スタジオで始まりました（同じ日の夜遅く、驚いたことにポールとリンダがひょっこり訪ねてきました。その夜、ジョンとポールはビートルズ解散後、最初で最後となるジャム・セッションを始めるに至ったのです。スティーヴィー・ワンダーも予告なしに現れ、この即興演奏に加わりました）。ジョンのアルバムと同様に、制作コーディネーター

をつとめたのは私でした。制作進行にあたっては、時としてちょっとした困難が生じることもありました。ドラマーがリンゴ、ジム・ケルトナー、キース・ムーンと3人（ジョンも叩いたので合計4人）もいたのと、飲みすぎの悪影響でハリーの声が出たり出なかったりだったのとで、何度もスケジュールを調整する必要に迫られました。いずれにせよ、カリフォルニア特有の何かがあったのでしょう。『プシー・キャッツ』のセッションや、スペクターとのロックンロールのセッションでは、スタジオはまるでパーティのような雰囲気で、ジョンが経験してきた録音現場とはかなり異なっていました。物事はジョンが思い描いたとおりには運ばなかったのです。

　結局、『プシー・キャッツ』の仕上げはニューヨークでやりました。ニューヨークでは仕事への取り組み方が格段にプロフェッショナルなので、ハリーの暴走も食い止められるだろうと思われたのです。ジョンはレコード・プラント・イーストの慣れ親しんだ環境でアルバムを完成させました。

　ジョンは誰かに別れを告げる間際になると、その人のために一肌脱いでやることがありました。アルバムができあがると、ハリーとジョンと私はそれを手にニューヨークのRCAレコード、ケン・グランシーのオフィスへと勇んで出かけていきました。ジョンはハリーの才能のすばらしさについて熱を込めて語り、アップル・レコードとの契約が切れたら自分もリンゴと一緒にRCAへの移籍を考えてもいいとまで言いました。ただし、ハリーがRCAと契約していなければその気は失せるだろう、という条件付きで。ハリーがその場に静かに座っている間に、ジョンはハリーの音楽人生でもっとも実りあるレコーディング契約を勝ち取ったのです。その後、私たちは祝杯をあげに出かけました。ジョンと一緒だった時期にハリーと顔を合わせたのは、このときが最後でした。

　以下の写真は、バーバンク・スタジオでの『プシー・キャッツ』のセッションの様子です。

ジョンがドラムを叩いている
めずらしい一枚。

プレイバックを聴いているところ。

セッションの合間にスペアリブをほおばるジョン。ジョンは食べ物の好き嫌いはほとんどなく、ピザでも中華でもパンケーキでも何でも喜んで食べました。アルバム『イマジン（IMAGINE）』のレコーディングのときはドクターペッパーを何ケースもイギリスに空輸しなければならなかったのですが、『心の壁、愛の橋』『ロックン・ロール』のセッションのエネルギー源はバーガーキングのワッパー、テイクアウトのサンドイッチ、それにコカ・コーラでした。

71

『心の壁、愛の橋』のジャケット撮影とレコーディング（1974年6月〜8月）

　『プシー・キャッツ』の仕事が完了すると、ジョンは自分のアルバム作りに戻りたくなりました。ロックンロールのアルバムを再開することも考えたのですが、フィル・スペクターがセッションのテープを持ち去ってしまい、連絡がとれなくなっていました（オートバイの事故で重傷を負っていたようです）。そこでジョンは、書きためていた新曲を携えて、まったく新しいオリジナル・アルバム『心の壁、愛の橋』にとりかかることにしたのです。

　キャピトル・レコードは次にロックンロールのアルバムを出すつもりで、すでにレコード・ジャケットの制作に入っていました。それはジョンが子どもの頃に描いた水彩画を使ったものでした。ジョンはむしろ、その絵柄は今度のオリジナル・アルバムのほうに合うのではないかと考えました。一方、キャピトルはジョンが新曲ばかりのアルバムを作っていることを知ると、それならばもっと目をひくデザインでいきたいと言い出しました。

　絵を使う案はボツにはなりませんでしたが、キャピトルはジョン自身のポートレイト写真も用意するようにと言ってきました。さまざまな違った表情を収めたクローズアップです。ジョンは私に撮ってほしいと言い、何枚かテストで撮ったところ、とても気に入ってくれました。ところがアート・ディレクターは、ユニークなデザインのジャケットにするために、私が持っていないハッセルブラッド社の6×6センチ判カメラを使った写真を必要としていたのです。ジョンは仕方なくボブ・グルーエンに写してもらうことに決め、東52丁目のアパートメントのバルコニーでフォト・セッションを行ないました。ちょうど同じ日、同じ場所で、ジョンが「NEW YORK CITY」と書かれたTシャツを着た有名な写真も撮っています。ボブが撮影している間、私は背後からその様子を自分のカメラに収めました。

次ページの8枚は、『心の壁、愛の橋』のジャケット用に当初私が撮ったテスト写真。ジョンが私のために書いた曲「予期せぬ驚き」を録音した日に、レコード・プラント・イースト・スタジオの屋上で撮影しました。

　『心の壁、愛の橋』では、収録曲ごとに特色ある音作りとアレンジを行なっています。もっとも早くできた曲の一つ「愛の不毛（Nobody Loves you (When You're Down And Out))」は、ルー・アドラーの家で書かれました。曲が生まれたきっかけは、私たちがラスベガスへ行ったことです。ジョンはフランク・シナトラに歌わせたくてこの曲を作り、感傷的なホーン・セクションとショー・ビジネスに言及した歌詞を入れて仕上げました。シナトラがラスベガスのショーで、壮大なラスト・ナンバーとして歌うことを思い描いていたのです。

　上の写真は、ジョンとケニー（ケン）・アッシャーが私たちのアパートメントのバルコニーでイースト・リバーを見渡しながら、曲のオーケストラ・アレンジについて話し合っているところです。ケニーはスコアを書く際に、ジョンが考えた弦楽器のフレーズに音符をいくつか加えました。ジョンは音を聴いてすぐそれに気づき、ケニーを驚かせました。曲の微妙なニュアンスをつかむためにジョンがそこまで神経を集中させているなんて、ケニーは思ってもみなかったのです。

　右ページの写真は、「リトル・ビッグ・ホーンズ」と呼んでいたブラス奏者たちにジョンが指示を出している場面です。

ジム・ケルトナーと一緒に
おどけてみせるジョン。

並はずれたテクニックのパーカッ
ション奏者、アーサー・ジェンキ
ンズ。スタジオに現れると隅のほ
うに座り、黙々と仕事に取り組み
ます。ジョンは彼の腕を高く買っ
ていて、ほとんどすべてのアルバ
ムで起用しました。

3人の愉快な仲間たち。「ビーフ・ジャーキー（Beef Jerky）」の録音の合間にレコード・プラント・イーストの屋上で
休憩するジミー・アイオヴィン、ジョン、ボビー・キーズ。

『心の壁、愛の橋』の
宣伝キャンペーン(1974年9月)

　1974年は、ビートルズがアメリカに上陸して10年という記念の年でした。キャピトル・レコードはこの節目を祝って、ビートルズに再度光をあてた大規模な宣伝キャンペーンに乗り出しました。そんな折にジョンのニュー・アルバムがリリースされたのです。タイミングは何よりも重要です。キャピトルはジョンの新作を気に入り、プロモーションに総力を挙げると約束してくれました。ジョン本人が積極的に動いたこともキャピトルを喜ばせました。ジョンはキャピトルの上席副社長でプロモーション担当のアル・コーリー、ブルース・ウェンデルとタッグを組み、「この〜を聴け（リッスン・トゥ・ディス〜)」というキャッチ・コピーも考えました。

　キャンペーン広告の基本デザインは、上段に「この〜を聴け」のフレーズ、中段にジョンの目元の写真、下段に「ジョン・レノン　心の壁、愛の橋」の文字が来るという構成でした。「〜」の部分には媒体に合わせてさまざまな言葉が入りました。「このポスターを聴け」「この広告を聴け」「このポストカードを聴け」「このキャッシュ・レジスターを聴け」「このボタンを聴け」「この写真を聴け」「このプレス・キットを聴け」「この紙マッチを聴け」「この封筒を聴け」「このバスを聴け」（ニューヨーク市営バスの車体広告）「この楽譜を聴け」「このモビールを聴け」「この夢を聴け」（アルバムからのセカンド・シングル「夢の夢」の広告）「このTシャツを聴け」（ジョンがデザインした長袖Tシャツのスケッチは今も私の手元にあります）などなど……。「リッスン・トゥ・ディス」のテレビ・コマーシャルも作られ、リンゴが出演してくれました（ジョンはそのお礼に、リンゴのアルバム『グッドナイト・ウィーン』のCMに協力しています）。

　ジョンと一緒にアルバムのプロモーションでロサンジェルスを訪れた際、私はサンセット通りのタワー・レコードに高々と掲げられた「リッスン・トゥ・ディス」の広告板の写真を撮りました。店内に入ると、手の込んだ独自のディスプレイが飾られていました。私たちがいる間に買った幸運なファンは、サイン入りのアルバムを手にすることができたのです。

リンゴと一緒に
友人を助ける（1974年夏〜秋）

　ジョンはトニー・キングに、アメリカへ移って来ないかと誘いました。「一緒にやるならアメリカのほうがいい。ずっとこっちで活動してるから」と言って。間もなくトニーはキャピトル・ビルの一角に、窓のない小さなオフィスを構えました。トニーの営業用パンフレットの1ページを使って、ジョンはトニーをアメリカに紹介するという「重大発表」を演出し、その宣伝写真を私に撮らせたのです。ちょうどリンゴもロスにいたので、つかまえて一緒に写ってもらいました。トニーのオフィスのひどいありさまを見て、ジョンとリンゴはEMI／キャピトルの会長でCEO（最高経営責任者）でもあるバスカー・メノンに宛てて個人的に手紙を書き、トニーの仕事場の環境を改善してくれるよう頼んだところ、即座に実行されました。

こちらはソニー・ボノではありません。キャピトル・レコードの副社長でプロモーションとA&R部門の責任者、アル・コーリーです。アルは、どの曲が大ヒットするかを見抜くことにかけては天才的でした。ポールの『バンド・オン・ザ・ラン』でも奇跡を起こしていたので、ジョンも喜んで彼と組んだのです。『心の壁、愛の橋』からのシングルをどの曲にしたらよいか決めかねていたジョンは、「私設顧問団」と呼んでいたメンバー、すなわち私、トニー・キング、アルの3人を集めて会議を開き、候補曲についてああでもない、こうでもないと話し合いました。もちろん「夢の夢」は有力な候補でしたし、「予期せぬ驚き（Surprise, Surprise (Sweet Bird of Paradox)）」も、また「ようこそレノン夫人（Move Over Ms. L）」（最終段階でアルバムからはずされたのですが）までもが候補に挙がっていました。その中からアルが選んだのが「真夜中を突っ走れ」だったのです。ジョンはヒットするという確信が持てずにいました。だからこそ、1位になるわけがないと言ってエルトン・ジョンと賭けをしたのです。幸いなことにジョンはこの賭けに敗れ、約束を守ってマジソン・スクエア・ガーデンでエルトンと共演。1974年11月28日、感謝祭の日のステージは、結果としてジョンにとっては最後の本格的な公演となりました。

　左ページの写真を撮った日、ジョンとバック・バンドはレコード・プラント・イーストで『心の壁、愛の橋』のリハーサルを始めたところでした。そこへアルが駆け込んできて「やったぞ！　テープを取り戻したぞ！」と言いました。スペクターとセッションしたテープのことです。ジョンはオリジナル・アルバムの制作中にこのテープに手をつける気にはなれず、アルバムが完成するまで保管庫にしまっておくことにしました。

『ロックン・ロール』の
リハーサル（1974年10月）

　モーリス・レヴィは音楽業界では際立った存在でした。「アメリカン・ロックンロールのゴッドファーザー」として広く知られていたのも、単に面倒見がよかったからだけではありません。

　ジョンとモーリスの縁は1969年、ジョンが「カム・トゥゲザー（Come Together）」を書いたときにさかのぼります。この曲は憧れのチャック・ベリーへのオマージュのようなものでした。ところがモーリスは、ベリーの「ユー・キャント・キャッチ・ミー」の曲想に似すぎていると感じたのです。

　この曲の出版権を保有していたモーリスは、著作権侵害でジョンのことを訴えました。1973年、ちょうど裁判が開廷しようとしていたときに、スペクターとのセッションが始まります。ジョンはレコーディングを邪魔されたくなかったので、示談に持ち込むよう弁護士たちに指示しました。レコーディングを中断してニューヨークへ飛ぶような事態を避けたかったのです。結局、次に発表するロックンロールのアルバムにモーリスが版権を持つ中から3曲を入れることで合意しました。

　ところが、物事は予定どおりにいかず、ジョンの次のアルバムは『心の壁、愛の橋』になってしまいます。それでもジョンは、モーリスのカタログに入っている「ヤ・ヤ」の断片をこのアルバムに含めました。ジュリアンがドラムを叩いて父子で共演したものを、アルバムの最後に加えたのです。曲の頭でジョンは「『シッティング・イン・ザ・ラーラー』の曲をやって片付けちまおう！」と言っています。モーリスに宛てた軽いジョークなのですが、彼はそのユーモアを解すことができませんでした。モーリスが不満をあらわにしたので、ジョンは次こそロックンロールのアルバムを出して責任を果たすと約束しました。

　一方、ジョンはのちに『ロックン・ロール（ROCK'N' ROLL）』として発表するアルバムの制作状況に苛立ちをつのらせていました。2年目に入ったというのにまだ完成できずにいたからです。「ひどくなる一方だ」とジョンはぼやきました。「ただシンプルでストレートなロックンロールのアルバムを作りたかっただけなのに、演奏もやめて歌だけに徹したのに、『サージェント・ペパー』よりごちゃごちゃになって時間がかかってる。まったく、始めた頃は斬新な企画だったのに、今じゃあっちでもこっちでもオールディーズものをやってる。猫も杓子もオールディーズだよ。時代遅れ（オールド・ハット）もいいとこだ」

　実際ジョンは、このアルバムを冗談で『オールド・ハット』と呼んでいたこともありました。

　その頃になるとモーリスは私たちと親しい間柄になり、『ロックン・ロール』の制作進行を見守っ

ていました。アルバムを完成させるのに『心の壁、愛の橋』で一緒にやったメンバーを使いたい、と
ジョンが言うと、モーリスはニューヨーク州ゲントにあった自分の農場を、リハーサルのために快く
提供してくれました。

　私たちは必要最小限の機材を携え、数台のリムジンに分乗して農場へ向かいました。目的地に近づ
き、いかにも農家という感じの木造の建物が見えてくるたびにジョンは「ここか？」と言うのです
が、モーリスはにやりと笑うだけでした。ついに囲いをめぐらした広大な敷地にたどり着き、モーリ
スの邸宅を見るとジョンは言いました。「牛の寝室があるのはどの棟？」

　室内の装飾はちょっと凝りすぎという感じでした。大理石の床、光り輝くイタリアン・タイル、さ
らにバスルームには金メッキをした蛇口があり、水が出るところは魚の頭の形。これじゃまるで昔の
アメリカの娼婦館だ、とジョンは言っていました。

われらが
バンド・リーダー。

（左上より時計回りに）ジェシ・エド・デイヴィス、クラウス・フォ
アマン、エディ・モットー、ケニー・アッシャー。
農場で行なわれた『ロックン・ロール』のリハーサルにて。

ビートルズの正式解散、
ポールとジョージに再会(1974年12月)

　数年にわたる法廷闘争と、公私にわたる舌戦を経て、何百万ドルものお金を失ったのちに、ビートルズのほんとうの終わりが訪れようとしていました。解決すべき問題をわずかに残した状態で、法的な解散に向けての最後の話し合いが持たれることになったのです。場所はニューヨークのプラザ・ホテル。皮肉なことに、1964年にビートルズがアメリカで初めて宿泊した場所でした（私たちのアパートメントから歩いてすぐでした）。

　会議の日程は1974年12月19日。ジョージ・ハリスンはダークホース・ツアーでニューヨークに来ていました。ポールとリンダもやって来ました。もちろんジョンと私はずっとニューヨークにいました。ジュリアンはクリスマス休暇で私たちと一緒。しばしの間、「きよしこの夜」の歌詞のとおりすべてが静かで光り輝いているようでした。ジョンはマジソン・スクエア・ガーデンでジョージのステージに飛び入りすることさえ考えていました。

　プラザ・ホテルの部屋で、ジョージは弁護士のデヴィッド・ブラウンとビジネス・マネージャーのデニス・オブライエンを伴っていました。ポールとリンダは、身内であり弁護士でもあるリー・イーストマン、ジョン・イーストマンと一緒でした。それからリンゴの弁護士ブルース・グラカルと、ビジネス・マネージャーのヒラリー・ジェラード。ニール・アスピノールとアップル・コーの弁護士二組（一方はアメリカ、もう一方はイギリス）。全員が大きな円卓を囲んで座り、共同事業体としてのビートルズが正式に解散するための書類すべてにサインをする手はずになっていました。リンゴはアラン・クラインからの呼び出しを逃れるために欠席。ただし、イギリスで全部のサインを終えていました。リンゴが文字どおり「生きている」ことを確認するために国際電話がかけられました。ジョンの弁護士兼アドバイザーのハロルド・シーダーも、部下のデヴィッド・ドルゲノとマイケル・グレアムを連れて来ていました。ポールとリンダは歴史的瞬間を記録すべく、カメラを構えていました。

　のちにハロルドから聞いた話によると、みんなが思っていたことを最初にはっきりと口にしたのはジョージでした。「で、ジョンはどこなの？」

「いい質問だ」と、同じ疑問を抱いていたハロルドが答えました。

　ハロルドは部屋を出てジョンに電話を入れましたが、本人と話すことはできませんでした。ジョンは私と一緒に家にいたのです。ジョンがプラザ・ホテルでの会合に出ないことをハロルドに伝えたのは私でした。アメリカに住んでいるという理由で税金をいちばん多く負担することになるんじゃない

か、とジョンが懸念していたことは確かです。でも私には、ジョンの心の中にはそれ以上の何かがあるように思えました。欠席を決めた表向きの理由は「星の巡り合わせが悪いから」でした。

　ジョージはツアーの評判が芳しくなく、声の状態もよくなかったことで、当初から不機嫌な様子でした。ジョンの返事を聞いてジョージの怒りは頂点に達し、ハロルドに向かって大声をあげ、ジョンを連れて来なかったことを責め立てました。すぐに、ほかの弁護士たちもハロルドに文句を言いはじめました。ジョージは受話器を取ってジョンに電話をかけましたが、出たのは私でした。ジョンに替わりましょうかと言ったところ、返事はきっぱり「ノー」でした。「これだけは伝えておいて。何が気にくわないのか知らないけど、ツアーはぼく一人の力で始めたんだから、ぼく一人の力で終わらせる！」。そう言って、ジョージはガチャンと受話器を置きました。ジョンは私の肩越しにずっと聞いていました。翌日、ポールとリンダが訪ねて来ました。ジョンはサインすべき書類の内容に納得がいかなかったのです。ポールはジョンを諭すように「大丈夫、うまくいくよ」と言いました。

　ジョージの激しい怒りは長くは続きませんでした。翌日、ジュリアンがジョージのコンサートへ行っている間、ジョンと私はニール・アスピノールと共に、リンダの父でもあるリー・イーストマンと話をしに行きました。ちょうどそのとき、ジュリアンが電話でジョージのメッセージを伝えてきたのです。「すべて水に流そう。きみたちのことが大好きだ。今夜のパーティにみんなで来てほしい」と。私たちはヒポパタマス・クラブで開かれたパーティへ出かけ、ジョンとポールとジョージは抱き合って再会を喜びました。ジョンとジュリアンと私はその翌日、フロリダのウェストパームビーチでクリスマスを過ごすため、ニューヨークを離れました。

　1974年12月29日、フロリダにいたジョンのところへ、アップルの弁護士から書類がどっさり送られてきました。「カメラを出しなよ、リンダ」とジョンはふざけて私に言います。それから最終的な確認をするため、ハロルド・シーダーに電話をかけました。

　電話を終えたあと、ジョンは切なそうな表情で窓の外を見ていました。きっとジョンの心の中には、ビートルズ時代の思い出が次から次へと駆けめぐっていたのでしょう。

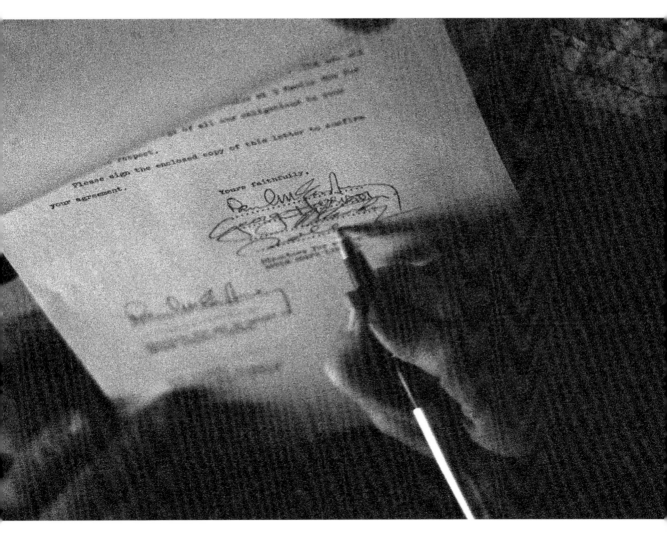

ジョンはついにペンを取り出しました。ディズニーワールドのポリネシアン・ビレッジ・ホテルという
いかにも不似合いな場所で、書類のいちばん下にただ「ジョン・レノン」とペンを走らせるだけで、
史上最高のロックンロール・バンドは正式に終わりを告げたのです。

旅

ラスベガスへの
小旅行（1973年10月）

　1973年10月の初旬、ジョンと私はちょっとした息抜きのつもりでラスベガスに数日間出かけました。ラスベガスへは、ロサンジェルスからシャトル便で飛びます。便を予約したのは、私たちについて来ていたエリオット・ミンツでした。いざ飛行機に乗り込んでみると、私たちの座席は機体の真ん中あたりにありました。周囲の人たちはジョンを見て大騒ぎを始め、ジョンはエリオットのほうを見やりながら「何で今さらこんな目に遭わなきゃいけないんだ？」と言います。エリオットはこれがシャトル便であり、ファーストクラスの席はないのだと説明したのですが、ジョンは「俺をまたこんな騒ぎの中に放り込む前によく考えてくれよ」と冷たく言い放ちました。一方で、話しかけたりサインを頼んだりする人たちには精いっぱい丁寧に応じていました。

　目的地へ着くと、私たちはシーザーズパレス・ホテルに直行し、観光客がやることをひととおり体験しました。真っ先にカジノへ行き、食事をしたレストランでは記念写真まで撮ってもらったのです。トニー・キングとマイケル・ヘイゼルウッドに連絡をとって会うことにし、二人はロスから車でやって来ました。ジョンの憧れのアイドル、ファッツ・ドミノがフラミンゴ・ホテルで演奏する（前座はフランキー・ヴァリ）という告知を見つけると、全員で出かけました。

　エリオットは2日間で帰ってしまったので、あとはトニーやマイケルと一緒に過ごしました。ラスベガスを十分に堪能したあとは、全員でトニーの緑色のサンダーバードに乗り込み、ロスへ戻ります。途中、キャリコというゴーストタウンを通りかかりました。昔は鉱山の町だったのが、今では観光名所になっているのです。砂漠の真ん中をただ歩きまわるというのは、私たちにとっては楽しい途中下車となりました。キャリコはまるで歴史の教科書か西部劇の映画から抜け出てきたような、これぞアメリカという感じの場所でした。

ある朝、ジョンは私を起こして
言いました。
「ほら、君のジーンズをはいてみたよ！」
「そのようね」と私は答えました。
「どうして？」
「ぴったりだからさ。気に入った！」
ジョンは二度と返してくれませんでした。
もう返ってこないとわかったとき、
私は裾に蝶と花の刺繍をしてあったのを
思い出し（なにせ70年代ですから）、
あれは剝がしたほうがいいと思いました。
この写真ではまだ
私の針仕事の跡が残っています。

キャリコにて。トニー、
ジョン、マイケル。

ジョンとトニー。

108

ジョンとマイケル・ヘイゼルウッド。マイケルはアルバート・ハモンドと共に「カリフォルニアの青い空」
や「ギミ・ダッ・ディン」、ホリーズの代表曲「安らぎの世界へ」などのヒット曲を書いています。
『ロックン・ロール』のアルバムではアコースティック・ギターを担当し、とても興奮していました。

（次ページの写真）歩いているうちに、ジョンはこのハーレー・トライクのオートバイを見つけました。
ジョンがずっと見ているので、私は「ちょっとだけそばへ行ってみたら。写真撮ってあげるから」
と言いました。撮ったのはこの1枚きりだったのですが、幸いなかなかよく撮れていました。
シャッターを切ったあと、ジョンはわざとハンフリー・ボガートのような口ぶりで言いました。「乗れよ、
逃げちまおうぜ」

109

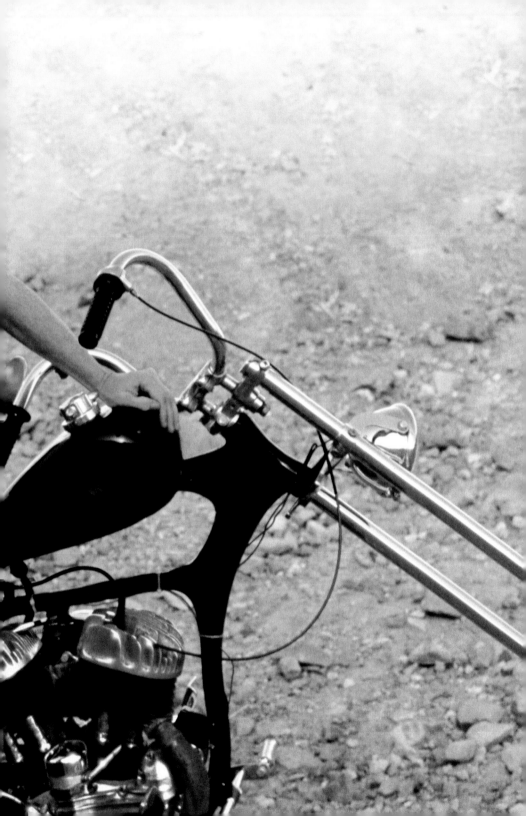

シーザーズパレス・ホテ
ルのディナーで撮って
もらったジョンと私の
写真。今でもこのホル
ダーに入っています。

ジョンと一緒に街へ繰り出そうとして
いるところ。
1974年、ロサンジェルスにて。

ロスでは数えきれないくらいパー
ティに出席しました。右の写真は
ハリウッド・ヒルズ・ホテルでの
ひとこまです。行けばたいてい、
ハリー、リンゴなどいつものメン
バーと出くわしました。ほかには
ミッキー・ドレンツ、ジャック・
ニコルソン、ウォーレン・ベイテ
ィ、ロマン・ポランスキー、シェ
ール、ジミー・ウェッブ、スリー・
ドッグ・ナイトのダニー・ハット
ン、チーチ＆チョン、ビーチ・ボ
ーイズのメンバー（ブライアン・
ウィルソンを含む）などにも会い
ました。

ジュリアンと
4年ぶりに再会(1973年12月)

　ジョンと私が一緒だった間、ジュリアンは何度か父親を訪ねていますが、このときがその最初でした。ジョンは4年近くも息子と会っておらず、どうやってコミュニケーションをとったらいいのか頭を悩ませていました。前妻のシンシアとも、気まずい離婚をして以来会っていなかったので、彼女がジュリアンを連れて来ることになったとき、また一つ大きな悩みの種が増えたのでした。シンシアとジュリアンが到着すると、私たちは空港に停めてあった大型リムジンの車内で対面し、ビバリーヒルズ・ホテルまで送り届けました。終始 VIP 待遇で迎えたのです。

　当初の緊張感が和らいでくると、滞在中のジュリアンを案内するのは私の役目になりました。10歳の少年がロスでいちばん心をひかれる場所と言えば、もちろんディズニーランド。そこでジェシ・エド・デイヴィスを誘って、ガールフレンドのパティとその息子も一緒に出かけました。パティの息子はジュリアンとほぼ同じくらいの年頃だったのです。車を運転してくれたのはマル・エヴァンズでした。マルはビートルズ解散後も個々のメンバーのために働いていました。マルにとってもジュリアンとの再会はうれしかったはずです。身長195センチの大男が一緒にコーヒーカップに乗ったくらいなのですから。

ジョンの後方にいるのはジェシ・エド・デイヴィス。

ジョンにとってマル・エヴァンズはもっとも古くからの、そしてもっとも信頼していた友人の一人でした。マルが1976年1月初めに殺されたとき、ジョンはとてもショックを受けていました。大切な人の死を乗り越えるのに、ジョンはいつも大変な苦しみを味わいました。時として不謹慎なジョークを口にするのは、心の痛みから自我を守るためでもあったのです。マルの遺骨がイギリスに運ばれる途上で紛失したと聞いて、ジョンはこう言いました。「死んじまった手紙（配達還付不能郵便物）の保管所を調べなきゃ」

ハリー・ニルソンと
過ごした休日（1974年3月）

『プシー・キャッツ』の仕事に入る前、ジョンはスペクターとのセッションで煮詰まった頭を切り替えたいと思っていました。ちょうど同じ頃、マスコミを騒がせるような出来事が立て続けに起こってしまいます。トルバドゥール・クラブでの二つの騒動に加え、私たちの関係が公になってしまったのです（『タイム』誌のカメラマンがずっと私たちのあとをつけていたので、ジョンはわざと私の唇に思いきりキスをして「秘密がばれたな」と言ったのです。写真は同誌に掲載されました）。

そんなわけで私たちは、短い休暇旅行ができたらどんなに幸せだろうと思っていました。たまたまハリー・ニルソンがカリフォルニアのパームスプリングスで医師の診察を受けることになっていたので、私たちもついて行って少し長めの週末を過ごすことにしたのです。ハリーはRCAレコード所属の音楽仲間サラ・カーノチャン（映画界でも活躍し、ドキュメンタリー作品の製作でアカデミー賞を2度受賞）を伴い、車はマル・エヴァンズが運転しました。

この旅はしょっぱなからトラブルに見舞われました。マルがスピード違反でつかまりそうになったのです。取締りの警察官から道路の片側に寄るように命じられると、マルは「私は、ええと、とても大切な用事で、ええと、（ジョンのほうを向いて）この人を……」と言って逃れようとしました。警官はジョンを一目見るなり驚いて言葉も出ません。マルはなおもしゃべり続け、相手はどうせ聞いていないとわかっていたので、でたらめなことばかりまくし立てます。私たちは結局そのまま通してもらえました。

パームスプリングスに着いた最初の夜、ハリーは山の上にあるすてきなレストランを知っていると言い出しました。そこへ行くにはロープウェイを使うしか方法がなかったので、みんなで乗りました。ハリーとジョンはすでに少し飲んでいたのですが、乗客の中にはもっと酔っ払った人もいたようでした。

食事を終えると、私たちは最終のロープウェイで山を下りました。車内はお酒の力で陽気になった人たちで満員でした。今宵は何と楽しく、気持ちのよいひとときだったのだろうと考えていたら、突然停電が起きました。私たちは見知らぬ40人の酔っ払いたちと一緒に宙吊りになってしまったのです。突如として、車内はフェリーニの映画から抜け出たような光景になりました。みんなが抱き合い、手探りをし、どこもかしこも手だらけです。私は大パニックでしたが、ジョンはこうした狂騒には慣れていたようで、要はリラックスすればいいんだと言います。空中にぶら下がっている俺たちに

はどうすることもできないんだから、と。

　翌日、ハリーは予定どおり診察に行きました。ここに載せた写真は、診療所のある建物の外の芝生ではしゃいでいる様子です。そこの管理人は私たちを見て、ちょっとやりすぎだと感じていたようでした。スプリンクラーの水をこちらに向けてきましたから。

この3枚はサラ・カーノチャンによる撮影。
ジョンが口に入れているのは
私のカメラのレンズカバー。

ジョンとハリーの
友情と別れ

　ハリー・ニルソンはまさに自由な魂の持ち主でした。彼は二つの重要な点でジョンと共通していました。一つは音楽、もう一つは少年時代の心の傷です。ジョンのところと同じように、ハリーの父親も彼が幼い頃に家族を捨ててしまい、そのトラウマは決して克服されませんでした。ハリーはどんちゃん騒ぎが大好きで、ジョンも一緒に加わることを十二分に楽しみました。とは言うものの、ハリーのほうが多少アルコールと上手につきあうことができ、ジョンほど有名でなかったことも幸いしました。それに対しジョンは、よく新聞の見出しを飾っていました。

　リバプールにいた頃から、ジョンの酒癖は決していいとは言えませんでした。飲むと怒りが爆発するのに加え、年を重ねてからはアルコール自体が体に悪影響を及ぼすようになったのです。

　ハリーとジョンは楽しくつきあっていました。その関係は親しい友人というよりも悪ガキ同士という感じでした。けしかけるのは間違いなくハリーのほうなのですが、ジョンもすぐに乗ってしまうのです。「いいじゃないか、人生はパーティだ」とハリーはよく言いました。パーティ状態が2か月ほど続いたあと、ジョンはこのままではだめだと悟ります。過度の飲酒はハリーの声にダメージを与える一方で、ジョンを正気に戻してくれたのです。ジョンはハリーをアルコールから救い出そうとしましたが、その力はハリーの意志に比べたら微々たるものでした。ついにジョンはあきらめ、こんな生活を続けていたらあいつは死んでしまうぞ、と不安を口にするだけになりました。不幸にも、最終的にそれは現実となってしまうのですが。

　私が最後にハリーと会ったのは、亡くなる少し前のことです。共にはめをはずした時代をふりかえって大笑いすると同時に、私は彼の中で何かが変化していることに気づきました。ハリーはジョンの死に大変な衝撃を受け、その後は銃規制を訴える運動に人生を捧げていました。しかし最後に会ったときの彼には、もはやそうした輝きは見られませんでした。ただ流されるままに生き、時折音楽を作るという感じでした。そして間もなく、パーティは終わりを告げたのです。

『ロックン・ロール』と「イマジン」の
ジャケット写真秘話(1974年9月)

　レストラン「ホーム」のオーナー、リチャード・ロスと妻のシンシアは私の友人でした。「ホーム」は私がニューヨークでよく通った店の一つです。ジョンとヨーコに紹介したところ、二人とも常連になりました。

　リチャードはニューヨーク州エレンビルに小さなロッジを持っていました。エレンビルはウッドストックに近い郊外にあり、かつては栄えていた小さな町です。何か月も休みなしで仕事をしてきたジョンは(『プシー・キャッツ』のプロデュースに『心の壁、愛の橋』のレコーディング、カリブー・ランチ・スタジオでのエルトン・ジョンとのセッション、それにリンゴの『グッドナイト・ウィーン』への参加)、次の『ロックン・ロール』の仕上げを始める前に、街の喧噪を離れて少しリラックスしたいと願っていました。そこでリチャードが自分のオアシスを数日間私たちに貸してくれたのです。

　エレンビルへ出発する直前、私は第1回ビートルズ・コンベンションへ足を運びました。どんなものか見ておいてほしいとジョンに頼まれたからです(それから『トゥー・ヴァージンズ(TWO VIRGINS)』が流通しないように全部買い占めてこいとも言われました)。ディーラーが集まった部屋で、私は最高に魅力的なビートルズの写真を扱っているテーブルの前を通りかかりました。1961年にハンブルクで撮られたものです。プリントを売っていたのはユルゲン・フォルマーで、撮影した本人でもありました。私はジョンに電話をかけ、何を見つけたか報告しました。

　「ユルゲンだって!」とジョンは興奮して言いました。「もう長いこと会ってないよ。電話番号を聞いておいてくれ。その写真も見てみたい!」

　偶然にも、ユルゲンは川を一つ隔てたブルックリンに住んでいました。ジョンはすぐに連絡をとり、家に招待しました。二人は再会を喜び合い、遠い昔を懐かしみながらすばらしいひとときを過ごしました。『ロックン・ロール』のアルバム・ジャケットが決まったのはその夜でした。めちゃくちゃだったあのアルバムにもようやく光が見えてきた、とジョンは感じたのです。

（左ページの写真）明るく、ひんやりした秋の日、ジョンはお気に入りのアイリッシュ・ニットのセーターを着ることにしました。リチャードの飼い犬2匹を連れて山道を上っていく道すがら、私は大声でジョンを呼びとめ、ふりむいた瞬間にシャッターを切りました。ジョンはこの写真を大変気に入り、シングル「イマジン（Imagine）」のジャケットに使いました。1975年の私の誕生日にイギリスで発売されたシングルです。

ジュリアンとフロリダで
過ごしたクリスマス（1974年12月）

　フロリダのウェストパームビーチで過ごすクリスマスは夢のようでした。暖かな日差しが降り注ぐ中、プールサイドでのんびりし、ジュリアンも大喜びでした。私たちはモーリス・レヴィのアパートメントに滞在していました。モーリスの息子アダムはジュリアンと年が近かったので、一緒に遊ぶ機会が何度かあったのです。『ロックン・ロール』もようやくレコーディングを終え、1975年3月に発売予定となりました。何かと物議をかもしたアルバムでしたが、さんざん苦労した話ももう過去のもの、と私たちは思っていました。ところが、そのあとに思いもよらないどんでん返しが待ち受けていたのです。

　私たちの知らない間に、モーリスはジョンからもらった『ロックン・ロール』の制作途上のテープをもとに安っぽいアルバムを仕立て上げ、自分のレーベル、アダムVIII（8歳の息子にちなんだ名前）から通信販売で出すことを決めてしまいました。アルバムは『ジョン・レノン・シングズ・ザ・グレイト・ロック＆ロール・ヒッツ：ルーツ』と名付けられ、2月になるとテレビ・コマーシャルが流れはじめます。ピンぼけで劣悪なジャケット写真に加え、アルバムにはジョンが嫌っていたスペクターとのセッションの音源も含まれていました。どの曲も早い段階のラフなミックスで、おまけにアナログ・レコード1枚に入るようにと、モーリスの手でテンポが速められていたのです。ジョンは自分のレコードの発売を前倒しにすることを余儀なくされ、アートワークにもプロモーションにも当初の計画どおりの時間を割くことができなくなってしまいました。

　裏でそんなことが起こっていようとは夢にも思わず、私たちはフロリダでの日々を楽しみ、暖かなクリスマスを満喫していました。ディズニーワールドにも行きました。ホテルへ戻るためにモノレールに乗っていると、どこかの親子の会話が聞こえてきます。父親が息子に、今日はビートルズの一人が来てるんだって、と話しているのです。「ビートルズの誰？」と尋ねる息子に、父親が「ジョージ・ハリスンだよ」と答えたのを聞いて、私は大笑いしてしまいました。どうして笑っているのかとジョンが言うので、教えてあげました。二人で大声をあげて笑っていると、父親がこちらに冷たい視線を向けてきます。その瞬間、彼の表情が変わり、ディズニーワールドに来ていたビートルが誰なのかを悟ったようです。私たちはそれを見てまた笑いました。ジョンは「いいんだよ、俺たちみんな同じような顔なんだから」と言いました。

ディズニーワールドの人ごみの中のジョン。
周囲の人たちはアトラクションに乗ることばかり考えていたのか、
誰もジョンに気づきませんでした。

モーリス・レヴィとその息子アダムと一緒のジュリアン。

モーリスのアパートメントにて。ジョンがかけているワイパー付きのサングラスは、
クリスマス・プレゼントとしてジュリアンから贈られたもの。

幻に終わった
私たち二人の家(1975年1月)

　ジョンはふたたび、都会でしのぎを削り合うのを一休みしてどこかへ行きたいと思いはじめました。ただしあまり遠すぎないところがいい、と。エレンビルでの休日のあと、仕事に戻ったジョンはまたあわただしく働きました。『心の壁、愛の橋』のプロモーション、『ロックン・ロール』のレコーディング、エルトン・ジョンのコンサートへの出演、デヴィッド・ボウイの「フェイム」（ボウイの初めてのナンバーワン・ヒット）の共作とレコーディング。おまけに私たちは、ニューオーリンズへ行ってポール、リンダと合流し、『ヴィーナス・アンド・マース』のセッションに参加する計画まで立てていました。ジョンは、ポールと一緒に曲を書きレコーティングすることで、世界中（当のポールも含め）をあっと言わせたいと思っていたのです。しかし結局、実行に移すのはまだ時期尚早だという結論になります。

　私たちはロングアイランド島のハンプトンズにもよく行っていました。あのときもイーストハンプトンにあるアマガンセットへと車を走らせ、ピーター・ボイルとガールフレンド（その後妻となる）のロレーン・アルターマンのところへ立ち寄ったのでした。あのアラン・クラインまでもが、ウェストハンプトンに借りていた家を1週間だけ使わせてくれました。それは砂浜に面した美しい家で、ジョンにとってはこのうえない環境でした。昔ながらの土地柄で、狭い地区だったため、地元の食料品店や一部の住人たちとも顔なじみになりました。私たちはまた、ミック・ジャガーに会いに島の東端のモントークまで行き、ミックがアンディ・ウォーホルから借りていた家にも泊めてもらいました。

　モントーク滞在中、ジョンと私はスコットランド風の上品なコテージが売りに出ているのを見つけます。すぐそばにはピーター・ビアードが所有する有名な灯台があり、大西洋を見渡すことができるのです。

　ジョンはそろそろ私たち二人の家を持つべきだと言い、不動産業者を呼んで物件を見せてもらいました。二人ともとても気に入ったので、2月の最初の週末に仮契約を結ぶ運びとなりました。それっきり、実現できずに終わってしまったのですが……。

感謝の言葉

人生は旅のようなもの。私の旅に登場した以下のみなさんに感謝します。

この本の企画・制作にあたったロンドン、エッセンシャル・ワークス社のマル・ピーチーとジョン・コンウェイ。常に私を信じ、出版を実現してくれました。

私の右腕として終始このプロジェクトに貢献してくれたマリオ・カシャーノ。私と一緒だった頃のジョン、彼が見知っていたジョンを世界中の人が見られるようにと、写真集の出版を強く勧めてくれました。

熱意あふれる編集者のエリザベス・バイアー。当初からこのプロジェクトに深く共鳴してくれました。そしてアシスタントのミッシェル・リヒター（あなたにできるだけ苦労をかけないようにしたつもりです）とハリエット・セルツァー。出版元のセント・マーティンズ・プレスとの架け橋にもなってくれました。さらに装幀を手がけてくれたエリン・フィスカス、各ページをデザインしてくれたキャスリン・パリス、宣伝にあたってくれた広報担当のコートニー・フィッシャー、それからセント・マーティンズ・プレスのスタッフのみなさん。長い時間をかけてこの写真集の制作に取り組んでくれました。

息子のセバスチャンは、アーティストとしての資質を活かして私の写真の修復に手を貸してくれました。また、締切り間際の私をいつも落ち着かせてくれました。

私をさんざん悩ませた16歳の娘のレイラも、写真の修復作業の先頭に立って長いこと昼夜を問わずがんばってくれました。好きなもの（特にプレイステーション・ポータブル）をもらう資格は十分にありますよ。

母のリンダ・リーム・パンはいつも私のそばにいてくれました。そして叔父（母の弟で80歳）はこの2年間、私がこの本に取り組めるようにと、母の面倒を見てくれました。

"アンクル"・ハロルド・シーダー弁護士。あなたの助力とアドバイスがなければ、私は人生を見失っていたでしょう。はかりしれないほどの深い見識と、あたたかい心の持ち主です。ジョンがあなたを頼りにしていた理由がよくわかります。

シンシア・レノンとノエル・チャールズ。常に変わらぬ友情で支えてくれました。私たちはつらく苦しい時期を共に乗り越え、愛と幸せに満ちた新たな段階へとたどり着くことができたのです。

パーソナル・タッチ・フォトグラフィー社のチップ＆ベス・ペチェーレ。写真の修復の初期段階で多くの時間を割いてくれました。

シャノンという名のアーティスト。最終段階で作業に加わり、すべての写真が最高に美しく見えるよう力を授けてくれました。

ジョンと一緒だった時代を共に過ごした友人たち。ルー・アドラー、ニール＆スージー・アスピノール、スペンス・バーランド、シド・バーンスタイン、グレッグ・カルビ、キャンダス・キャレル、ペピー・カストロ、ロイ・シカラ、アル・コーリー、ロン・デルスナー、ジャック・ダグラス、デニス・フェランテ、ジャニス・ジャーマノ、トロイ＆ダニエル・ジャーマノ、マイケル・グレアム弁護士、ブルース・グラカル、ピーター・ジェームソン、アイリス・カイテル、ノーマ・ケンパー、サラ・カーノチャン、トニー・キング、アラン・クライン、デヴィッド・ナッター、モーリーン・オコーナー、クリス・オデル、アンドリュー・ルーグ・オールダム、マリア＆アルマンド・オンティヴェロ、リチャード・ペリー、ジョジー・ポラック、アーリーン・レックソン、ヘレン＆ノーマン・シーマン、ロビン・ジーゲル。

新旧の多くの友人たち。ビリー、クリス＆マッティ・アメンドラ、メアリー・アン＆エームズ・アンダーセン、リンダ・バーン、リチャード・バローネ、マーク・ベゴ、ステファニー・ベネット、ヴァイオレット・ベニー、ジム・ベスマン、ミッチ・ボロフスキー、シャンティ・ブリガティ、ゴードン＆ヴェラ・ブラウン、ブライアン・キャプラン弁護士、マイケル＆ロバータ・カルディロ、ラッティカ＆ポール・カートリッジ、フランク・クミエロフスキー、ジェーン＆ケン・ダッショウ、ジュリエット＆エドワード・デイヴィス、アンドレア・デイヴィス、ドワイト・デライター、ジョン・エドワード、アニー・ファウラー、ロジャー・フリードマン、シェリー・ジェルモ、グラウコ、ジョエル・グレイザー、フレッド・グッドマン、タイラー・エリザベス・グラーエ、ローズ・グロス＝マリーノ、レスリー＆ジョン・ハードエイカー、スーザン・ハサウェイ、サンディ・ヒックス、デニス・ジャクリッチ、パット＆ティム・ジェニングズ、ラリー・ケイン、ミッチェル・カナー、コッシュ、ベヴァリー・リー、アドリエンヌ＆マイケル・レヴィン、ルイス・レヴィン、バーバラ・リゲティ、ケン・ルービン、バリー・マグナス、ティム・マーン、ポール・マイオラナ、ランディ・マーカ

ス、パメラ・メセニー&ドン・ニスマン、ローリー・マキャフリー、マイク・マッキャン、ジョイス&サム・ムーア、ジニーン&ジョン・ムーアヘッド、ルイーズ・ドヴィル・モレル、キャシー・モリス、"カズン"・ブルース・モロー、ティ・マリー、トニー・パーキンズ、マリリン・ペトロネ、リリアナ&マーク・プロトキン、セリア・クァントリル、エド&メラニー・ロジャーズ、ブラッド・ローゼンバーガー、スペンサー・ロス、スーザン・ライアン、グレッグ・シュミット、パット・セラーズ、フィービー・スノウ、ヴィクター・スピネッティ、ナターシャ・ストイノフ、エディ・スン、ペギー・スワイヤー、ケイト・テイラー、マリアン・テッサ、レベッカ・ソーネル、フィル・ターナー、エレン・ヴォウル、スティーヴ・ウォルター、ビリー・ウェスト。

ヨーコは私に、いえ私たちみんなに「空をのぞき見るための穴」を授けてくれました。

私だけのオール・スター・バンド。ケニー・アッシャー、デヴィッド・ブリガティ、エディ・ブリガティ、フェリックス・キャヴァリエ、"ライトニング"・ルー・クリスティ、スペンサー・デイヴィス、ゴードン・エドワーズ、ファブ・フォー（Fab Faux）、ローレンス・ゴーワン、ジャスティン・ヘイワード、ミック・ジャガー、アーサー・ジェンキンズ、ボビー・キーズ、トレヴァー・ローレンス、ジョン・ロッジ、リック・マロッタ、ヒュー・マクラッケン、ラズベリーズ、デヴィッド・スピノザ、タートルズのマークとハワード、スティーヴン・ヴァン・ザント、ジミー・ウェッブ。

ジュリアンはいつも私の力になり、笑顔で支えてくれました。小さかったあなたがこんなにも思慮深く立派な大人に成長し、すばらしいアーティストになったことを、お父さんはさぞかし誇りに思っていることでしょう。

そして、心の中で生き続けている人たち。ジェシ・エド・デイヴィス、マル・エヴァンズ、エディ・ジャーマノ、マイケル・ヘイゼルウッド、イアン・マクミラン、リンダ・マッカートニー、キース・ムーン、ハリー・ニルソン、ビリー・プレストン、ジョン・リッター、デレク・テイラー。

ポール、リンゴ、ジョージはいつも私に優しく接し、「兄貴」の面倒まで見てくれました。

そして誰よりも感謝しているのは……ジョン、あなたです。

本書に寄せて

初めてメイに会ったのは1970年代の前半で、その出会いは緊張と不安に満ちていました。私はジュリアンを4年ぶりに父親と再会させようとしていましたが、実現できるかどうかは微妙な状況でした。そんななか、メイは素晴らしい働きをしてくれました。このように繊細で心の機微に触れるような問題を扱うには、まだ若くて経験も浅かったはずなのに。

すぐに、私たちは親しい友人となりました。メイは心が広く、思いやりがあり、私や息子のジュリアンの気持ちに精いっぱい寄り添ってくれました。

メイがこれまでしてきたことや、これから成し遂げたいと思うことが何であれ、ジュリアンと私は今後も、彼女にとって誰よりも心強い味方であり続けるつもりです。メイは魅力的で、行動力のある女性です。私と息子が心を許せる誰かを求めていた時期に、良き友人でいてくれました。そして今もなお、かけがえのない親友なのです。

思い出の写真を集めたこの本は特別なもので、あの頃の記憶を呼び起こしてくれます。メイ、あなたの幸運と成功を心から祈っています。

愛をこめて

シンシア・レノン & ジュリアン・レノン

we love you,

Cynthia Lennon & Julian Lennon

訳者あとがき

　本書は、2008 年に河出書房新社から刊行された『ジョン・レノン　ロスト・ウィークエンド』（*INSTAMATIC KARMA* by May Pang, 2008, St. Martin's Press）の新装版です。著者のメイ・パンは、1973 年秋から 75 年初頭にかけてジョン・レノンが妻のオノ・ヨーコと別居生活を送っていた際に、ジョンのもっとも身近な存在として公私にわたり世話をしていた中国系アメリカ人の女性です。

　ジョン・レノンの 40 年の生涯について語る際に、ヨーコと別れていた 1 年半は「孤独にうちひしがれ酒に溺れていた」時期として済まされるのが、現在のところ一般的となっています。「酒に溺れていた」というのは、ジョン自身がいくつかのインタビューで公言していますので、まったくの虚像だとも言い切れません。1980 年 9 月に行なわれた『プレイボーイ』誌のインタビューで、ジョンはこの時期を指して「18 か月の失われた週末（ロスト・ウィークエンド）」だと述べました。この表現は、アルコール依存症の男の葛藤を描いたアメリカ映画『失われた週末』（*THE LOST WEEKEND*, 1945）に由来すると考えられています。

　しかし、「失われた週末」を間近で見てきたメイ・パンは、18 か月の出来事が（その場にいなかった伝記作家の手で）一面的に描かれてしまうことへの疑問を抱いてきました。「失われた週末」は、ジョンにとってほんとうに「失われ」ていたのでしょうか。本書でメイが問いかけているのは、まさにその一点に尽きます。ヨーコと別れていたときのジョンは果たしてほんとうに孤独で、不幸せで、不毛な日々を送っていたのでしょうか。

　メイはすでに 1980 年代から、たとえばアンドリュー・ソルト監督による伝記映画『イマジン／ジョン・レノン』（*IMAGINE: JOHN LENNON*, 1988）などでこの問題を提起しています。本書が出版された 2008 年に受けたインタビューでも、「私の目から見たジョンは決して、言われているように意気消沈して飲んでばかりいたわけではなかった」ということを繰り返し述べています。

　その証拠としてメイが本書で提示したのは、自身が（趣味として）撮影した写真と、直接見聞きしたエピソードを集めた文章でした。これらは、ジョンやビートルズの長年のファンであっても初めて目にするものが大半で、出版時には大きな驚きと感動をもって迎えられました。

　実際、本書に見られるジョンの表情は晴れやかで、前向きで、穏やかで、安らぎに満ちています。

酔って暴れて問題ばかり起こしていたという従来の「失われた週末」像とは大きく異なります。もちろんそうした側面が皆無だったわけではありませんが（メイもそれは認めています）、メイはあえてそこに深入りせず、この時期のジョンがさまざまな重荷から解放され、新旧の仲間たちと音楽を楽しみ、私生活でも充実した時を過ごしていたという事実を淡々と綴っています。

　本書の最大の意義は、そうした新しい「失われた週末」像を示し、これまで語られてきた「通説」に一石を投じて別の視点を付け加えたところにあると言えるでしょう。

　今回の新装版のタイトル『ジョン・レノン　失われた週末』は、2024年5月10日に日本で劇場公開されるドキュメンタリー映画 THE LOST WEEKEND: A LOVE STORY（監督イヴ・ブランドスタイン、リチャード・カウフマン、スチュアート・サミュエルズ）の邦題とリンクしています。

　2022年に6月10日にニューヨークのトライベッカ映画祭で初上映され、2023年4月13日にアメリカで一般公開されたこの映画は、メイの一人称で語られる自叙伝のような作品で、本書とは相互に内容を補完し合う関係にあると言えます。映画では駆け足で通り過ぎた逸話が本書で詳述されていることもあれば、逆に映画のみで触れていた事柄が本書の理解を助けてくれる場合もあります。

　前者の例としては、ジョンとメイが暮らした家についてのエピソードがあります。「失われた週末」の間はずっとロサンジェルスにいたというイメージが強いですが、実際に西海岸にいたのは18か月のうち8か月ほどにすぎず、何度か転居もしていました。本書ではそれぞれの家についての思い出が、映画よりもずっと詳しく語られています。

　後者の例としては、「失われた週末」の開始と終了の日付があります。実は、ジョンとヨーコの別居がいつ始まっていつ終わったのかという基本的なことが、これまでは（本書も含め）あまりはっきりしていませんでした。映画では、ジョンとメイがロサンジェルスへ移ったのが1973年9月22日、ジョンが最終的にメイのもとを去ったのが1975年2月3日と特定しています。この日付は本書を紐解くうえでも重要な情報となります。

　また、本書では「失われた週末」の期間中にジョンと交流のあったミュージシャンや音楽・芸能関係者が数多く登場します。ビートルズ解散以降のジョンの人生でこれだけ幅広い音楽的交流があったのは、この時期をおいてほかにありません。映画ではメイの経歴や、アシスタントとしての仕事ぶりが具体的に紹介されています。それを知ったうえで本書を読むと、「失われた週末」の当時まだ22〜23歳だったメイが、エンターテインメント・シーンの最前線に身を置いても臆することなく、ジョンの音楽活動を実務面からも支えていた様子がよりリアルに実感できます。

　映画でとりわけ印象的に描かれているのが、息子ジュリアン・レノンとの再会と交流のエピソードです。ジョンと最初の妻シンシアとの間に生まれたジュリアンは、1971年にジョンがニューヨークに移り住んで以降、父親と会うことができずにいました。「失われた週末」の期間である1973年のクリスマス休暇に、当時10歳だったジュリアンは母とロサンジェルスを訪れ、父との交流を復活させます。このときメイは、数年ぶりに父親と会うことへの戸惑いと不安を抱えた10歳の少年に優しく言葉をかけ、同じく緊張していたシンシアにも明るく接して信頼関係を築きました。映画の中でメ

イは「もっとも誇りに思っているのが、ジュリアンが父親と再会するのを手助けできたこと」だと語り、ジュリアンもインタビューで「メイと一緒にいた頃の父は、とても幸せそうだった。父との関係に光が差したのはメイのおかげだ」と回想しています。本書でも、ジュリアンが父のギターを弾き、父の洋服を着、父と同じ格好でベッドに横たわり、父と一緒に泳ぎ、ディズニーランドへ行くなど、父子の交流を記録した写真が大きなハイライトとなっています。

シンシアとジュリアンはその後もメイと親しい関係を続け、本書のためにわざわざ連名でメッセージを寄せています（原書ではカバー裏面に掲載）。メイにとって、神話化した「通説」に異を唱えるような（それゆえに批判を浴びるかもしれない）本を出すにあたり、シンシアとジュリアンが味方でいてくれるのは、どれだけ心強かったことでしょう。今回の新装版では、旧版では載せられなかった二人のメッセージを「本書に寄せて」として新たに翻訳掲載しています。

シンシアとメイの友情は、シンシアが2015年4月1日に75歳で他界するまで続きました。ジュリアンとの絆の深さは、2022年9月9日発売のジュリアンのアルバム『JUDE』のジャケットに、メイが撮影した写真（本書にも掲載）が使われていることからもわかります。

本書のもう一つの大きなハイライトは、ビートルズのメンバーとの交流です。1970年の解散からしばらくの間、ビートルズの4人の関係が主にビジネス面の問題から難しい状況にあったことは事実です。しかし、本書にも書かれているとおり、大きな転換点となる二つの出来事が「失われた週末」の間に起こりました。一つは、1974年3月にジョンがポール・マッカートニーと非公式なジャム・セッションを行なったこと。もう一つは、同年12月にビートルズの法的な解散について4人が合意に達したことです。前述の映画でも、これらの出来事は貴重な音声・映像・写真を交えた必見のシーンとなっています。

ジョンの場合、ジョージ・ハリスンやリンゴ・スターとは解散後もスタジオで共演しており、特にリンゴとは公私ともに親しい交際が続いていました。本書では、当時「犬猿の仲」と噂されていたポールと「失われた週末」の期間中に何度も会っていたこと、さらに1975年1月にはポールがレコーディングしているニューオーリンズを訪ねる計画まであったことが明かされています。本書に収録されたジョンとポールの二人だけの写真はきわめて貴重で、解散後の両者が一緒に写っている数少ない一枚として特筆されます。

また、ビートルズの法的な解散を決める会議でのやりとりや、その直後にジョン、ポール、ジョージの3人が再会したエピソードは、情景を想像しただけでも胸に熱いものが込み上げてきます。

メイが本書や映画『ジョン・レノン　失われた週末』で提示しているのは、あくまでも彼女の視点から見た「失われた週末」の物語です。議論の分かれるところもあろうかと思いますが、メイの視点も加えながら「失われた週末」の実像を解明することは、『心の壁、愛の橋』をはじめとするジョンの作品を味わい、評価するうえでも大変重要になっていきます。

本書の写真と文章が「失われた週末」を再考するための一助となることを願うとともに、映画を通じて「失われた週末」に興味を持たれた方々が本書によって今まで知らなかったジョンの姿や表情に

触れ、新たな発見をしていただけたら嬉しく思います。

　最後になりましたが、本書の翻訳の機会を与えてくださった河出書房新社の田中優子さん（現在は株式会社みにさん・田中優子事務所代表）とフロム・ビーの広田寛治さん、新装版の刊行にあたりご尽力くださった河出書房新社の伊藤靖さんとフロム・ビーの淡路和子さんには大変お世話になりました。ここに記して感謝します。

2024 年 3 月 21 日　　山川真理

本書は 2008 年 11 月に小社より刊行された『ジョン・レノン　ロスト・ウィークエンド』の改題・新装版です。

メイ・パン（May Pang）

1950 年、ニューヨーク生まれ。19 歳で音楽業界に入り、70 年にビートルズと関係のあったアブコ・レコードに在籍したことからジョン・レノンとオノ・ヨーコに出会い、翌年より二人のパーソナル・アシスタントに就く。73 ～ 75 年、ジョンとヨーコが別居していた「失われた週末」と呼ばれる 18 か月間は、公私ともにジョンを支えた。その後はアイランド・レコード、ユナイテッド・アーティスツに勤務したほか写真家、テレビ、ラジオのパーソナリティ、ジュエリー・デザイナーとしても活躍。

山川真理（やまかわ・まり）

翻訳家。お茶の水女子大学卒業。編集プロダクション等を経て、ビートルズを起点とした文化全般をテーマに翻訳・執筆を行なう。訳書にシェフ『ジョン・レノン＆オノ・ヨーコ　プレイボーイ・インタヴュー1980 完全版』、ルイソン『ザ・ビートルズ史　誕生』（共訳）他。

ジョン・レノン　失われた週末

2024 年 4 月 20 日初版印刷
2024 年 4 月 30 日初版発行

写真・文　メイ・パン
訳者　　　山川真理

装丁　　　坂野公一（welle design）
発行者　　小野寺優
発行所　　株式会社　河出書房新社
　　　　　〒 151-0051
　　　　　東京都渋谷区千駄ヶ谷 2-32-2
　　　　　電話　03-3404-1201（営業）
　　　　　　　　03-3404-8611（編集）
　　　　　https://www.kawade.co.jp/
組版　　　株式会社キャップス
印刷　　　大日本印刷株式会社
製本　　　大口製本印刷株式会社

落丁本・乱丁本はお取り替えいたします。

Printed in Japan　ISBN978-4-309-25752-5